まちごとアジア

Bangladesh 001 Bangladesh
はじめてのバングラデシュ
「水と緑」が織りなす風土

বাংলাদেশ

Asia City Guide Production

【白地図】バングラデシュ

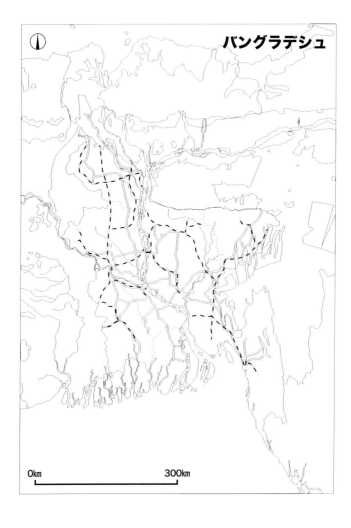

【白地図】ダッカ

ASIA
バングラ

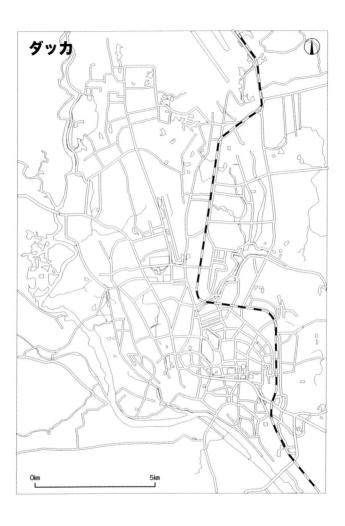

【白地図】オールドダッカ

ASIA
バングラ

【白地図】ニューダッカ

ASIA
バングラ

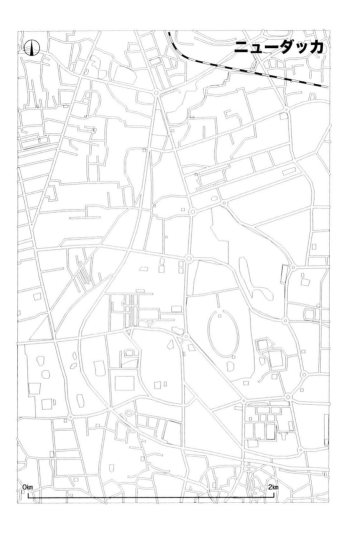

ニューダッカ

Bangladesh 白地図

【白地図】ダッカ郊外

ASIA
バングラ

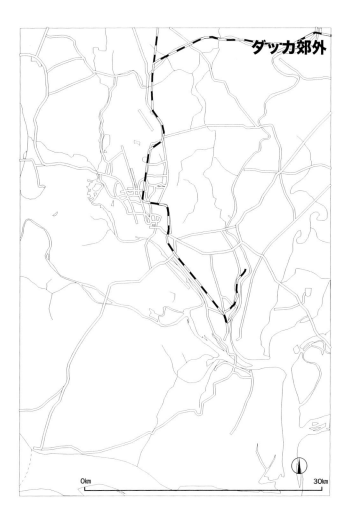

【白地図】バゲルハット

ASIA
バングラ

【白地図】モングラ

ASIA
バングラ

モングラ

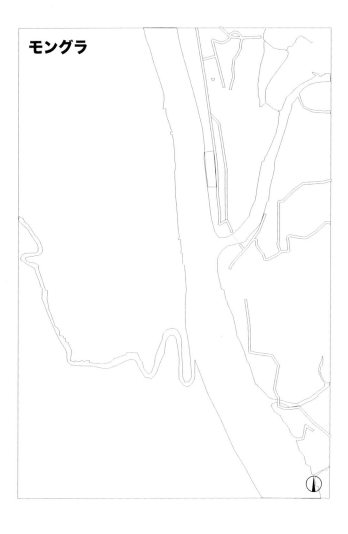

【白地図】パハルプール

ASIA
バングラ

【まちごとアジア】
バングラデシュ 001 はじめてのバングラデシュ
バングラデシュ 002 ダッカ
バングラデシュ 003 バゲルハット（クルナ）
バングラデシュ 004 シュンドルボン
バングラデシュ 005 プティア
バングラデシュ 006 モハスタン（ボグラ）
バングラデシュ 007 パハルプール

ASIA
バングラ

　バングラデシュとは「ベンガル人の国」を意味し、この国はインドと東南アジアが交わるちょうど交差点に位置する。ガンジス河とブラマプトラ河という国際河川がつくり出した堆積平野が国土をしめ、世界でも有数の多雨地帯となっている。

　川の恵みで育まれた稲や綿花が黄金色に実る様子から、かつてこの国は「黄金のベンガル」と呼ばれていた。ベンガル地方はインドの西ベンガル州とのあいだでまたがって広がり（東ベンガルと西ベンガルと通称される）、世界でも屈指の人

Bangladesh
バングラデシュ
বাংলাদেশ

口稠密地帯となっている。

　1947年の印パ分離独立では、東ベンガルは飛び地国家となった東パキスタンを構成し、1971年にはバングラデシュとして再独立した。痛みをともなう二度の独立で多くの血が流れ、20世紀にはこの地は貧困の象徴と見られていた。21世紀に入った現在、バングラデシュの貧困は少しずつ改善し、経済は躍進を続けている。

【まちごとアジア】

バングラデシュ 001 はじめてのバングラデシュ

目次

はじめてのバングラデシュ	xviii
河川に育まれた大地	xxiv
ダッカ	xxxiv
オールドダッカ城市案内	xxxix
ニューダッカ城市案内	xlviii
バゲルハット	lxii
バゲルハット鑑賞案内	lxvi
シュンドルボン	lxxii
シュンドルボン鑑賞案内	lxxvi
パハルプール	lxxx
パハルプール鑑賞案内	lxxxv
世界でもっとも稠密な国	lxxxix

【MEMO】

【地図】バングラデシュ

河川に育まれた大地

ASIA
バングラ

水と緑がつくり出した美しき風土
バングラデシュの生活は河川とともにあり
この国では1年を通して穀物が収穫される

河川の国

ガンジス河、ブラマプトラ河、メグナ河の三大河川の下流にあたるバングラデシュ。大小無数の川筋が国土を走り、水と緑からなる美しい景観をつくり出している。国土にくまなく河川が走るところから、水上交通が発達し、首都ダッカからは各地に客船が運行している。またガンジス河やブラマプトラ河は度々、流路を変更し一定でないため、バングラデシュでは前者はポッダ河、後者はジャムナ河と呼ばれている（ガンジス河はかつてコルカタを流れるフーグリ河を本流とし、ブラマプトラ河はダッカの東を流れていた）。また川幅や距

Bangladesh 河川に育まれた大地

離から洪水のときなどにはブラマプトラ河の水は、ガンジス河より1ヵ月早くバングラデシュに到着する。

氾濫と、恵みと

激しい雨季と乾季を繰り返すバングラデシュの風土。ベンガル湾から押し寄せるモンスーンは世界屈指の多雨地帯をつくり、毎年のように河川は氾濫する。洪水で国土の3分の2以上が水没する年もあり、道路は不通になるなど人々の生活に大きな影響をあたえている。河川の氾濫で生命を落とす人々はたえないが、同時に肥沃な堆積土が運ばれ、豊かな土壌を

▲左　川魚はバングラデシュ人の大好物、米とあわせて食べる。　▲右　周囲は水没しあぜ道が浮かぶ、自然がつくる美しき風景

つくりだしている。バングラデシュと水はきってもきれない関係にあると言え、河川の恵みを受けて米作、漁業、綿花栽培などが行なわれている。

米と魚を食する人々

豊富な水量をもつこの国の平野では稲作が行なわれ、米はバングラデシュの主食となっている。また河川でとれる淡水魚は人々の貴重なたんぱく源となっていて、食卓には米と魚がならび、それらはカレーで味つけされる。米にはアウス稲（4〜7月）、アマン稲（7〜11月）、ボロ稲（12〜4月）など

【MEMO】

ASIA
バングラ

季節によって収穫時期が異なる複数の種類があり、年中穀物が収穫されるところからこの地は「ショナル・バングラ(黄金のベンガル)」とたたえられてきた。また魚ではイリッシュ(ニシン科の魚)が愛食され、そのほかにもマンゴーやパイナップル、バナナやココヤシなど熱帯性のフルーツが育つ。

タゴールによる国歌

「我が黄金のベンガルよ、私はあなたを愛する」とはじまるバングラデシュの国歌。隣国インドと同じく、バングラデシュの国歌もノーベル賞を受賞しているタゴールの詩が使われて

▲左　民族衣装をまとった女性。　▲右　原色が踊る、バザールにて

いる。これはタゴールが国境線がひかれる以前のベンガル地方に生まれ育ち、ベンガル語で詩を詠んだことによる（多言語国家であるインドの国歌もベンガル語で歌われる）。バングラデシュ西部のクシュティアはタゴールが少年時代を過ごしたところで、そのほかにも東京裁判の判決で知られるパル判事は、ナディア（クシュティア近く）に生まれている。

【MEMO】

ASIA
バングラ

【MEMO】

【MEMO】

【ダッカ】

オールド・ダッカ Old Dhaka/ ショドル・ガット Sadar Ghat
アーサン・モンジール Ahsan Manzil/ スター・マスジッド Star Masjid
ラールバーグ・フォート Lalbagh Fort
ダケシュワリ寺院 Dhakeswari Mandir/ モティジール Motijheel
バイトゥル・ムカロム・モスク Baitul Mukarram Masjid
カーゾン・ホール Dhaka University Curzon Hall
セントラル・ショヒード・ミナール Central Shahid Minar
国立博物館 Natinal Museum/ ニュー・マーケット New Market
国会議事堂 National Assembly/ グルシャン Gulshan
バングラデシュ独立記念慰霊塔 National Monument
ショナルガオン Sonargaon

ASIA
バングラ

ちょうど国土の中央部に位置する首都ダッカ。ここは世界でもっとも稠密な都市のひとつで、あふれるばかりの人や車、リキシャが行き交い、人々の熱気で満ちている。また急速な経済成長を続けるなか、この街では慢性的な交通渋滞、電力不足が続いている。

こうした現在につながるダッカの歴史は、ムガル帝国時代の1608年、ベンガル地方の首都になったことにはじまる。周囲で収穫された米や綿花製品がこの街で集散され、ブリガンガ川の水利を使って各地へ運び出された。当時のベンガル地

方はインドでもっとも裕福な地方として知られ、ムガル帝国の財政を支えていた。

18世紀になってムガル帝国の都は西ベンガルに遷り、英領インドの首都コルカタの台頭とともにダッカの地位は相対的にさがっていった。そのようななか1947年の印パ分離独立（東ベンガルは東パキスタンとして独立）、1971年のバングラデシュ独立をへて、豊富な労働力をもつこの国の首都として注目を集めるようになっている。

【地図】ダッカ

【地図】ダッカの [★★☆]
- [ ] オールド・ダッカ Old Dhaka
- [ ] ラールバーグ・フォート Lalbagh Fort
- [ ] モティジール Motijheel
- [ ] 国会議事堂 National Assembly
- [ ] グルシャン Gulshan

【地図】ダッカの [★☆☆]
- [ ] ショドル・ガット Sadar Ghat
- [ ] バイトゥル・ムカロム・モスク Baitul Mukarram Masjid

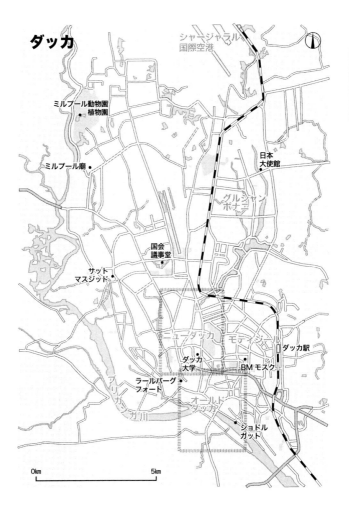

【MEMO】

**Guide,
Old Dhaka**
オールドダッカ城市案内

ブリガンガ川にのぞむダッカの地
オールド・ダッカはこの街発祥の場所で
混沌のるつぼのような世界が見られる

巨大都市ダッカの構成

ダッカは17世紀、ブリガンガ北岸のオールド・ダッカと呼ばれる地域にムガル帝国の行政機能がおかれたことではじまった。18世紀になってイギリス植民地下に入ると、オールド・ダッカの周囲に新たな街が建てられ、街は拡大するようになった。20世紀初頭まで郊外にあったカーゾン・ホールやダッカ大学が街の広がりとともに吸収され、1947年の印パ分離独立時には郊外だった国会議事堂の地もダッカの街にくみこまれていった。2億人にせまろうとかというバングラデシュの人口増にあわせて、ダッカの街も急拡大を続けている。

【地図】オールドダッカの [★★☆]

- [ ] オールド・ダッカ Old Dhaka
- [ ] ラールバーグ・フォート Lalbagh Fort
- [ ] モティジール Motijheel

【地図】オールドダッカの [★☆☆]

- [ ] ショドル・ガット Sadar Ghat
- [ ] アーサン・モンジール Ahsan Manzil
- [ ] スター・マスジッド Star Masjid
- [ ] ダケシュワリ寺院 Dhakeswari Mandir
- [ ] バイトゥル・ムカロム・モスク Baitul Mukarram Masjid

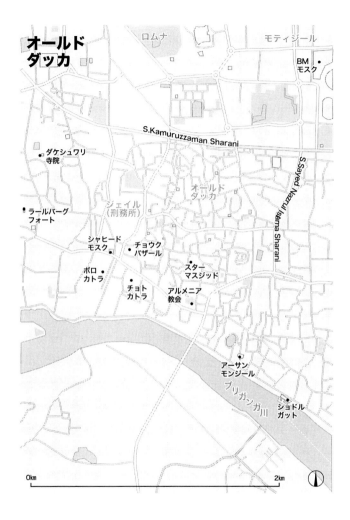

ASIA
バングラ

オールド・ダッカ Old Dhaka [★★☆]

ムガル帝国時代の17〜18世紀の遺構を残すオールド・ダッカ。細い路地が入り組むように走り、人の肩と肩、リキシャとリキシャがぶつかるように通りすぎていく光景が見られる。ラールバーグ・フォート（17世紀）、スター・モスク（18世紀）、アルメニア教会（18世紀）、アーサン・モンジール（19世紀）、ボロ・カトラ、チョト・カトラなどのキャラバン・サライ跡（17世紀）などを残し、喧騒が続くダッカらしさを感じられる。

▲左 バングラデシュでの足代わりになるリキシャ。 ▲右 ショドル・ガット、ダッカと各都市は船で結ばれている

ショドル・ガット Sadar Ghat ［★☆☆］

ブリガンガ川に面したダッカの船着場ショドル・ガット。クルナやボリシャルなどの都市と河川で結ばれていて、頻繁に客船が往来する。

アーサン・モンジール Ahsan Manzil ［★☆☆］

ピンク・パレスの愛称で親しまれている邸宅アーサン・モンジール。ダッカ近郊の徴税を行なう領主が起居した場所で、1869年に建てられた。現在は博物館になっていて、バングラデシュの歴史や文化に関する展示が見られる。

スター・マスジッド Star Masjid ［★☆☆］

白色の本体に 5 つのドームを載せるスター・マスジッド。ムガル帝国時代の 18 世紀に創建され、その後、何度も改修されて現在にいたる。回廊には樹木や幾何学模様の装飾タイルがほどこされている。

▲左　スター・マスジッド、バングラデシュはイスラム教国。　▲右　ムガル帝国時代の遺構、ラールバーグ・フォート

ラールバーグ・フォート Lalbagh Fort ［★★☆］

17世紀、ムガル帝国がダッカの統治にあたって建設したラールバーグ・フォート。もともとムガル帝国第6代アウラングゼーブ帝の三男ムハンマド・アザム王子によって建てられはじめたが、王子の死後、ベンガル太守シャイスタ・ハンが工事を続け完成した。モスクや王族の霊廟、太守の邸宅(博物館)が一体となった複合施設になっていて、ムガル帝国によって南アジアにもちこまれたチャハール・バーグ様式の庭園が見られる（タージ・マハルでも同様の四分割庭園が見られる）。

▲左　ラールバーグ・フォートの敷地内、ここでベンガル太守が起居した。
　▲右　四隅が垂れ下がった屋根が雨を素早く落とす

ダケシュワリ寺院 Dhakeswari Mandir [★☆☆]

オールド・ダッカの北西部に位置するダケシュワリ寺院。ヒンドゥー教のドゥルガー女神がまつられていて、ダッカという地名はこの寺院（ダケシュワリ）に由来するという。12世紀のイスラム勢力侵入以前からの伝統をもつ。

【MEMO】

**Guide,
New Dhaka**

ニューダッカ
城市案内

ASIA
バングラ

オールド・ダッカの北へ拡大していく街
21世紀の経済に大きな貢献を果たすと見られる
バングラデシュの首都を歩く

モティジール Motijheel

オールド・ダッカの北東部に広がるモティジール。ここはダッカの政治、経済の中心地で、高層ビルやビジネスマンの姿が見られる。大統領官邸、中央郵便局、国立競技場などが位置する。

バイトゥル・ムカロム・モスク Baitul Mukarram Masjid

モティジール中央に立つバイトゥル・ムカロム・モスク。1947年の印パ分離独立後に建てられたモスクで、メッカのカーバ神殿をモチーフにしているという。

ニューダッカ城市案内

カーゾン・ホール Dhaka University Curzon Hall

英領インド時代にこの地を統治したインド総督カーゾンの名前からとられたカーゾン・ホール。カーゾンの命で1905年に建てられた。現在はダッカ大学が使用している。

セントラル・ショヒード・ミナール Central Shahid Minar

バングラデシュ独立の象徴的な建物となっているセントラル・ショヒード・ミナール。東パキスタン時代、独立へつながるベンガル語公用語化運動（1952年）の最中に生命を落とした4人の学生をしのんで建てられた。3本からなる中央

【地図】ニューダッカ

【地図】ニューダッカの [★★☆]
- [ ] セントラル・ショヒード・ミナール Central Shahid Minar
- [ ] オールド・ダッカ Old Dhaka

【地図】ニューダッカの [★☆☆]
- [ ] カーゾン・ホール Dhaka University Curzon Hall
- [ ] 国立博物館 Natinal Museum
- [ ] ニュー・マーケット New Market
- [ ] ダケシュワリ寺院 Dhakeswari Mandir

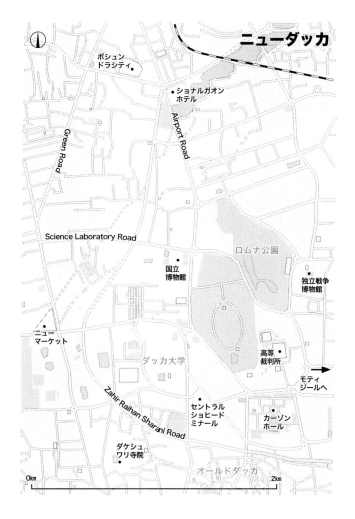

はベンガルの国土を、それぞれ2本からなる左右ふたつずつの柱は4人の学生を象徴するという。

国立博物館 Natinal Museum
バングラデシュの歴史や文化をたどる展示が見られる国立博物館。1971年に独立したこの国の歴史は浅いが、東ベンガル地方自体は紀元前にさかのぼる歴史をもつ。この地で信仰されていた仏教やヒンドゥー教に関する展示が興味をひく（とくに8〜12世紀のパーラ朝時代仏教が栄えた）。

▲左　この国では列車の屋根に乗車する人々も見られる。　▲右　ダッカで出逢った少年、小さなころから働く

ニュー・マーケット New Market

ダッカ大学の西に位置するダッカを代表するマーケット。女性が着るサリーなどの衣料品、日常雑貨、食料品などがならび、ベンガル人の生活ぶりに触れることができる。

国会議事堂 National Assembly

ダッカ北部に立つバングラデシュの国会議事堂。東西パキスタン時代の1962年に東パキスタンでも国会が開かれることが決まり、20年の月日をかけて完成した。設計は20世紀を代表する建築家ルイス・カーン。限られた予算、地元のベン

ガル人の技術を使い、この地の風土にあわせた建築に仕上がっている。この建物を構成する三角形や円形といった幾何学図形はイスラム教の美意識にも共通し、近くには同じくルイス・カーンによるアユブ国立病院がある。

グルシャン Gulshan
各国大使館がならぶ高級街グルシャン。外資系企業、高級ホテルやレストランならぶエリアとなっている。

バングラデシュ独立記念慰霊塔 National Monument

バングラデシュの独立を記念して建てられた独立記念慰霊塔。高さ 50m のコンクリート製建造物となっていて、1971年の独立にあたって生命を落とした人々が埋葬された場所に立っている。3 月 26 日の独立記念日にはバングラデシュ首相が参拝する。

ショナルガオン Sonargaon

ダッカ東 25km に位置するショナルガオン。ムガル帝国時代にダッカへ拠点が遷されるまで東ベンガル最大の都市だった

【地図】ダッカ郊外

【地図】ダッカ郊外の [★★☆]
- [ ] ショナルガオン Sonargaon
- [ ] オールド・ダッカ Old Dhaka
- [ ] 国会議事堂 National Assembly
- [ ] グルシャン Gulshan

【地図】ダッカ郊外の [★☆☆]
- [ ] バングラデシュ独立記念慰霊塔 National Monument

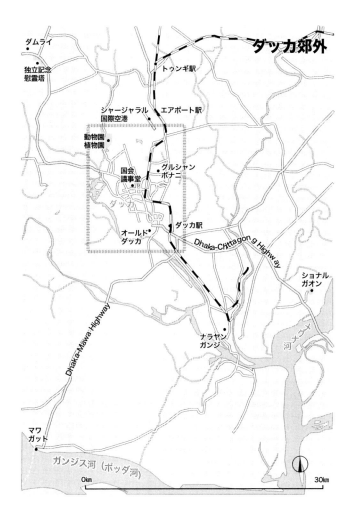

ASIA
バングラ

古都で、ショナルガオンとは「黄金の都」を意味する。1296年にイスラム勢力の東ベンガルの支配拠点となったが、それ以前も土着勢力の都だったことがわかっている。

【MEMO】

ASIA
バングラ

【MEMO】

【バゲルハット】

クルナ Khulna
サイト・グンバズ・モスク Saith Gumbad Masjid
ハーン・ジャハン・アリ廟 Mausoleum of Khan Jahan Ali

ASIA
バングラ

　中世の13世紀以来、イスラム勢力が西方からインド亜大陸に侵入し、この地で王朝を樹立するようになっていた。バゲルハットはそのような時代の15世紀に武将ハーン・ジャハン・アリが森を切り開いて築いたモスク都市で、モスクや宮殿跡、霊廟、貯水池などが残っている。

　バゲルハットが「トラたちの住処」を意味するように、古くこの地にはシュンドルボンと呼ばれる森がベンガル湾まで続いていた。ハーン・ジャハン・アリは、原始的な生活を送るこの地の人々にイスラム教を伝え、その死後、イスラム聖

বাগেরহাট
Bagerhat
バゲルハット

者として信仰を受されるようになった。

　高温多湿な気候、頻発する洪水などの水害や塩害でモスク都市はいたんでいるが、1985年、世界遺産に登録され、遺跡の保護が進むようになった。サイト・グンバズ・モスクでは今現在でも人々が礼拝を行なっていて、ハーン・ジャハン・アリ廟にはバングラデシュ中から巡礼者が訪れるなど生きた信仰の場となっている。

【地図】バゲルハットの [★★★]
- [ ] サイト・グンバズ・モスク Saith Gumbad Masjid

【地図】バゲルハットの [★★☆]
- [ ] ハーン・ジャハン・アリ廟
    Mausoleum of Khan Jahan Ali

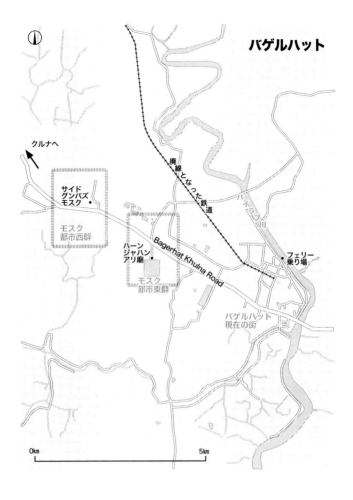

Guide, Bagerhat
バゲルハット鑑賞案内

ASIA / バングラ

重厚な本体にドームが載るモスクや霊廟
ハーン・ジャハン・アリ様式と呼ばれる建築群は
イスラム世界でもめずらしいものだとされる

クルナ Khulna ［★★☆］

クルナはバングラデシュ南西部のクルナ管区を統括するこの国第3の都で、バゲルハットとシュンドルボンというふたつの世界遺産への足がかりになる。またインドのコルカタとダッカ、ベンガル湾を結ぶ要衝にあるところから、今後の経済成長が期待されている。

▲左　クルナのバザールにて、積みあげられた野菜。　▲右　サイト・グンバズ・マスジッド、世界遺産に指定されている

バゲルハットの構成

かつては「360のモスクをもつ」と言われたバゲルハットのモスク都市。大きくサイト・グンバズ・モスクのある西群とハーン・ジャハン・アリ廟のある東群からなり、現在のバゲルハットの街はモスク都市から5kmほど東に離れている。これは中世、モスク都市の近くを流れていたバイラブ川が流れを変え、新たな川筋のほとりに今の街が築かれたためで、そこからモスク都市へ向かうことになる。

サイト・グンバズ・モスク Saith Gumbad Masjid ［★★★］

サイト・グンバズ・モスクはバゲルハットの中心的なモスクで、金曜日には集団礼拝が行なわれている。湾曲屋根のうえにいくつもドームを載せるバゲルハット独特の建築様式となっていて、サイト・グンバズとは「60のドームをもつモスク」を意味する。東西48m、南北32.5mからなるバングラデシュ最大規模をもち、四方には丸型ミナレットが見られる。またすぐ近くにはバゲルハットの壁面を彩るテラコッタ（粘土に彫刻してから焼いた）装飾やこの地方の史料を集めたバゲルハット博物館がある。

▲左 独特の丸いミナレット、そばにはほうきをもった管理人。 ▲右 林のように柱が続く

ハーン・ジャハン・アリ廟
Mausoleum of Khan Jahan Ali [★★☆]

15世紀、バゲルハットのモスク都市を造営したハーン・ジャハン・アリがまつられた霊廟。周囲を二重の壁で囲まれ、本体には単一ドームが載る。すぐわきの敷地内にはモスクが立つ。

【MEMO】

ASIA
バングラ

【MEMO】

【シュンドルボン】

モングラ Mongla

ASIA
バングラ

　ベンガル湾に面するマングローブの湿地帯シュンドルボン。東西 250km、南北 40 〜 80km、総面積 5770 平方 km に渡って広がる世界最大規模のマングローブ地帯となっていて、熱帯の海で育まれた森は国境を越えてインド側へと続いている。

　シュンドルボン一帯は、海からの潮とガンジス河やブラマプトラ河の支流がぶつかる場所。無数の河川が入り乱れるように走り、美しい景観をつくり出している。 こうしたところからシュンドルボンという名前は地元のベンガル語で「美し

সুন্দরবন
Sundarbans
シュンドルボン

い森」を意味している。

　この自然の森には、人間の手がほとんど届かず、ベンガル・トラやガンジス・カワイルカといった絶滅危惧種をはじめとする貴重な動物、鳥類が生息している。世界的にマングローブの森の減少が懸念されるなか、1997年には世界自然遺産にも登録された。

【地図】モングラ

【地図】モングラの [★★★]
- [ ] シュンドルボン Sundarbans

【地図】モングラの [★★☆]
- [ ] モングラ Mongla

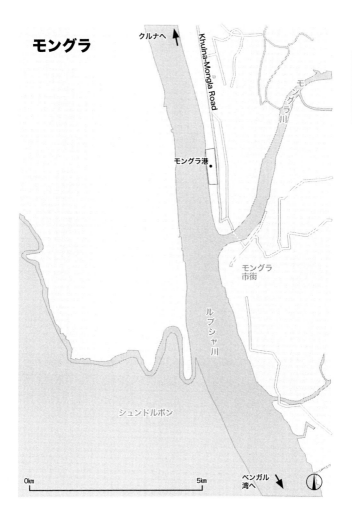

Guide,
Sundarbans
シュンドルボン
鑑賞案内

ASIA
バングラ

バングラデシュ南西部のベンガル湾沿いに広がるシュンドルボン
海と河川がつくり出した自然にはさまざまな動物が生息する
ベンガル・トラに喰われる地元民もあとを絶たないという

モングラ Mongla ［★★☆］

シュンドルボンへの足がかりになるのがモングラ。チッタゴンにつぐこの国第2の港をもち、クルナの南50kmに位置する。ルプシャ川にモングラ川が合流する地点に開け、エビなどの海産物の養殖や漁獲を生業にする人が多い。

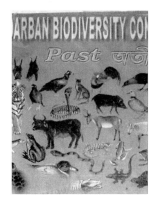

▲左　モングラはチッタゴンにつぐ港町でもある。　▲右　シュンドルボンにはさまざまな動物が生息する

世界最大のマングローブ地帯

マングローブとは海水と淡水が交わりあうところに生育する熱帯性の「海の森」のことで、根元は海水にひたっている。東南アジアから南アジアにかけて広く見られ、日本では沖縄や鹿児島の海岸地帯で見られる。マングローブを構成する植物は 30 〜 80 種類あると言われていて、その種の数に関しては諸説ある。

ASIA
バングラ

動物の宝庫

河川の堆積物が運んできた栄養分とマングローブの落葉などからシュンドルボンでは陸地では見られない多様な自然をつくっている。この豊かな森には哺乳類、魚類、鳥類、爬虫類など豊富な動物が生息しており、なかでもベンガル・トラ、ガンジス・カワイルカ、アジア・スイギュウ、アジア・ヒレアシは希少動物として知られる。

【パハルプール】

大精舎 Vihara

ASIA
バングラ

バゲルハットとならんで世界遺産に指定されているパハルプール。ここはインド仏教の伝統が13世紀に絶たれるまで、南アジア最大の規模を誇った仏教僧院跡で、現在は丘状の遺構が残っている（パハルとはベンガル語で「丘」を意味する）。

パハルプールが創建されたのは、パーラ朝（8〜12世紀）の第2代ダルマパーラ王の時代で、この時代、ベンガル地方を中心に仏教が篤く保護されていた。パハルプールの当時の名前は、ソーマプラといい、インドのナーランダ、ヴィクラ

Paharpur パハルプール পাহাড়পুর বিহার

マシーラとともに最先端の仏教が学ばれていた。

　13世紀、イスラム勢力の侵入でパハルプールは破壊され、廃墟になってしまったが、インド仏教の最終形態とも言えるパーラ朝の仏教美術は東南アジアなどに伝播することになった。とくに中心に精舎をおき、周囲に回廊を配するパハルプールのプランは、ボロブドゥール、パガン、アンコール・ワットなどに受け継がれている。

【地図】パハルプール

【地図】パハルプールの [★★★]
- [ ] 大精舎 Vihara

パハルプール

【MEMO】

**Guide,
Paharpur**

パハルプール
鑑賞案内

ナーランダ、ヴィクラマシーラとならぶ仏教僧院
パハルプールのプランは海を越え
東南アジアに受け継がれている

パハルプールのプラン

一辺300mの正方形のプランをもつパハルプール。中心に十字形の精舎が立ち、中心にいくに従って高くなっている。また周囲に回廊が配され、外周壁の内側には僧侶たちが起居する177の僧房がならんでいた。ここには東南アジアなど各国から留学僧が集まり、仏教を学んでいたのだという。

大精舎 Vihara ［★★★］

パハルプールの中心部にそびえていた大精舎。今では上部が崩れているが、当時は四面堂の精舎の四方にそれぞれ仏像がおかれていたという。またテラコッタ・パネル（粘土に彫刻して焼きあげたもの）による装飾がほどこされ、その枚数は2000枚におよぶ。仏教に関するもののほかに、『マハーバーラタ』や『ラーマーヤナ』などインド神話の浮彫が見られる。

Bangladesh｜パハルプール鑑賞案内

▲左 仏教僧が起居した僧房跡。　▲右 アンコール遺跡（カンボジア）にも影響をあたえたというプラン

▲左 パハルプールは世界遺産に指定されている。　▲右 神話が描かれたテラコッタパネル

世界で もっとも 稠密な国

「ベンガル人の国」ことバングラデシュ
20世紀に二度の独立を経験したこの国は
今、新たな局面をむかえようとしている

バングラデシュの人々

バングラデシュの国土は、河川の堆積物がつくり出した平野がほとんどをしめ、南東の隣国ミャンマーへとつながっていくチッタゴン丘陵、マングローブ地帯のシュンドルボンをのぞいて、くまなく人々が暮らしている。この人口の大多数をしめるのがベンガル人で、ドラヴィダ系とチベット・ビルマ系の人々が混血することで徐々に形成された（ベンガル語はインド・アーリア語）。チッタゴン丘陵には仏教を信仰するにビルマ系のチン族やアラカン族、チャクマ族などの少数民族が暮らしているほか、ベンガル語ではなくウルドゥー語を

母語とするビハーリーもいる(インドのビハール州を出自とし、分離独立にあたって西パキスタンではなく、東パキスタンへ移住した人々)。バングラデシュの大多数がイスラム教徒だが、人口の10%程度がヒンドゥー教徒となっている。

バングラデシュとイスラム教

1947年の英領インドからの印パ分離独立にあたって、イスラム教徒が密集して暮らす東ベンガルと北西地帯(現在のパキスタン)が「インドのイスラム教国」をかかげて独立することになった。インドをまたいで1500km離れた飛び地国家

▲左　中世以来、東ベンガルの地はイスラム化した。　▲右　バザール歩きはとても楽しい

が生まれることになったのは、13世紀に中央アジアから南アジアに侵入したイスラム勢力（ゴール朝の一派）が、地元勢力を駆逐しながらデリーから北インドを横断し、ベンガル地方に達したことに起因する。その後、北インドを中心に近代に入るまでイスラム王朝が存続したことから、ベンガル人の多くがイスラム教を信仰するようになっていた。

ASIA
バングラ

二度の独立、ベンガル人の国へ

18世紀以来、コルカタに首都をおいたイギリスはインドの植民地化を進めていた。その支配は200年続いたが、二度の世界大戦をへて英領インドの独立の機運は高まり、ガンジー、ネルー、ジンナーらの指導で1947年の独立が決まった。当時の英領インドはヒンドゥー教徒が人口の5分の4、イスラム教徒が5分の1をしめていたが、新たな国では「イスラム教徒は人口におとるヒンドゥー教徒の従属的な立場になる」という懸念から東西パキスタンとして分離独立することになった。こうして飛び地国家が誕生したものの、東西はイス

▲左　バングラデシュで出会った家族。　▲右　現代建築家によるアユブ国立病院、大きく開いた開口部から光が入る

ラム教という共通点以外、文化も言語も習慣も異なり、政治家、官僚、軍人などの要職は西にしめられ、東は従属的な立場となっていた。このようなところから東ベンガルでの自治要求は高まり、やがて1971年にバングラデシュとして再度、独立することになった。

参考文献

『南アジアの国土と経済バングラデシュ』（B.L.C. ジョンソン / 二宮書店）

『もっと知りたいバングラデシュ』（臼田雅之 / 弘文堂）

『バングラデシュを知るための60章』（大橋正明 / 明石書店）

『バングラデシュの歴史』（堀口松城 / 明石書店）

『バングラデシューインド亜大陸の夜明け』（桐生稔 / 時事通信社）

『バングラデシュガイドブック』（マックスドゥル・アラム / 日本バングラデシュ文化経済振興センター）

『ARCレポートバングラデシュ』（ARC国別情勢研究会）

『世界大百科事典』（平凡社）

まちごとパブリッシングの旅行ガイド

Machigoto INDIA , Machigoto ASIA , Machigoto CHINA

【北インド - まちごとインド】

001 はじめての北インド
002 はじめてのデリー
003 オールド・デリー
004 ニュー・デリー
005 南デリー
012 アーグラ
013 ファテープル・シークリー
014 バラナシ
015 サールナート
022 カージュラホ
032 アムリトサル

【西インド - まちごとインド】

001 はじめてのラジャスタン
002 ジャイプル
003 ジョードプル
004 ジャイサルメール
005 ウダイプル
006 アジメール（プシュカル）
007 ビカネール
008 シェカワティ
011 はじめてのマハラシュトラ
012 ムンバイ
013 プネー
014 アウランガバード
015 エローラ
016 アジャンタ
021 はじめてのグジャラート
022 アーメダバード
023 ヴァドダラー（チャンパネール）
024 ブジ（カッチ地方）

【東インド - まちごとインド】

002 コルカタ
012 ブッダガヤ

【南インド - まちごとインド】

001 はじめてのタミルナードゥ
002 チェンナイ
003 カーンチプラム
004 マハーバリプラム
005 タンジャヴール
006 クンバコナムとカーヴェリー・デルタ
007 ティルチラパッリ
008 マドゥライ
009 ラーメシュワラム
010 カニャークマリ
021 はじめてのケーララ
022 ティルヴァナンタプラム
023 バックウォーター（コッラム〜アラップーザ）
024 コーチ（コーチン）
025 トリシュール

【ネパール - まちごとアジア】

001 はじめてのカトマンズ
002 カトマンズ
003 スワヤンブナート

004 パタン
005 バクタプル
006 ポカラ
007 ルンビニ
008 チトワン国立公園

【バングラデシュ - まちごとアジア】

001 はじめてのバングラデシュ
002 ダッカ
003 バゲルハット（クルナ）
004 シュンドルボン
005 プティア
006 モハスタン（ボグラ）
007 パハルプール

【パキスタン - まちごとアジア】

002 フンザ
003 ギルギット（KKH）
004 ラホール
005 ハラッパ
006 ムルタン

【イラン - まちごとアジア】

001 はじめてのイラン
002 テヘラン
003 イスファハン
004 シーラーズ
005 ペルセポリス
006 パサルガダエ（ナグシェ・ロスタム）
007 ヤズド
008 チョガ・ザンビル（アフヴァーズ）
009 タブリーズ

010 アルダビール

【北京 - まちごとチャイナ】

001 はじめての北京
002 故宮（天安門広場）
003 胡同と旧皇城
004 天壇と旧崇文区
005 瑠璃廠と旧宣武区
006 王府井と市街東部
007 北京動物園と市街西部
008 頤和園と西山
009 盧溝橋と周口店
010 万里の長城と明十三陵

【天津 - まちごとチャイナ】

001 はじめての天津
002 天津市街
003 浜海新区と市街南部
004 薊県と清東陵

【上海 - まちごとチャイナ】

001 はじめての上海
002 浦東新区
003 外灘と南京東路
004 淮海路と市街西部
005 虹口と市街北部
006 上海郊外（龍華・七宝・松江・嘉定）
007 水郷地帯（朱家角・周荘・同里・甪直）

【河北省 - まちごとチャイナ】

001 はじめての河北省
002 石家荘
003 秦皇島
004 承徳
005 張家口
006 保定
007 邯鄲

【江蘇省 - まちごとチャイナ】

001 はじめての江蘇省
002 はじめての蘇州
003 蘇州旧城
004 蘇州郊外と開発区
005 無錫
006 揚州
007 鎮江
008 はじめての南京
009 南京旧城
010 南京紫金山と下関
011 雨花台と南京郊外・開発区
012 徐州

【浙江省 - まちごとチャイナ】

001 はじめての浙江省
002 はじめての杭州
003 西湖と山林杭州
004 杭州旧城と開発区
005 紹興
006 はじめての寧波
007 寧波旧城
008 寧波郊外と開発区
009 普陀山
010 天台山
011 温州

【福建省 - まちごとチャイナ】

001 はじめての福建省
002 はじめての福州
003 福州旧城
004 福州郊外と開発区
005 武夷山
006 泉州
007 厦門
008 客家土楼

【広東省 - まちごとチャイナ】

001 はじめての広東省
002 はじめての広州
003 広州古城
004 天河と広州郊外
005 深圳（深セン）
006 東莞
007 開平（江門）
008 韶関
009 はじめての潮汕
010 潮州
011 汕頭

【遼寧省 - まちごとチャイナ】

001 はじめての遼寧省
002 はじめての大連
003 大連市街
004 旅順
005 金州新区

006 はじめての瀋陽
007 瀋陽故宮と旧市街
008 瀋陽駅と市街地
009 北陵と瀋陽郊外
010 撫順

【重慶 - まちごとチャイナ】

001 はじめての重慶
002 重慶市街
003 三峡下り（重慶〜宜昌）
004 大足

【香港 - まちごとチャイナ】

001 はじめての香港
002 中環と香港島北岸
003 上環と香港島南岸
004 尖沙咀と九龍市街
005 九龍城と九龍郊外
006 新界
007 ランタオ島と島嶼部

【マカオ - まちごとチャイナ】

001 はじめてのマカオ
002 セナド広場とマカオ中心部
003 媽閣廟とマカオ半島南部
004 東望洋山とマカオ半島北部
005 新口岸とタイパ・コロアン

【Juo-Mujin（電子書籍のみ）】

Juo-Mujin 香港縦横無尽
Juo-Mujin 北京縦横無尽
Juo-Mujin 上海縦横無尽

【自力旅游中国 Tabisuru CHINA】

001 バスに揺られて「自力で長城」
002 バスに揺られて「自力で石家荘」
003 バスに揺られて「自力で承徳」
004 船に揺られて「自力で普陀山」
005 バスに揺られて「自力で天台山」
006 バスに揺られて「自力で秦皇島」
007 バスに揺られて「自力で張家口」
008 バスに揺られて「自力で邯鄲」
009 バスに揺られて「自力で保定」
010 バスに揺られて「自力で清東陵」
011 バスに揺られて「自力で潮州」
012 バスに揺られて「自力で汕頭」
013 バスに揺られて「自力で温州」

【車輪はつばさ】
南インドのアイラヴァテシュワラ寺院には建築本体に車輪がついていて寺院に乗った神さまが人びとの想いを運ぶと言います。

- 本書はオンデマンド印刷で作成されています。
- 本書の内容に関するご意見、お問い合わせは、発行元のまちごとパブリッシング info@machigotopub.com までお願いします。

まちごとアジア
バングラデシュ001はじめてのバングラデシュ
～「水と緑」が織りなす風土 [モノクロノートブック版]

2017年11月14日　発行

著　者	「アジア城市（まち）案内」制作委員会
発行者	赤松　耕次
発行所	まちごとパブリッシング株式会社 〒181-0013　東京都三鷹市下連雀4-4-36 URL http://www.machigotopub.com/
発売元	株式会社デジタルパブリッシングサービス 〒162-0812　東京都新宿区西五軒町11-13 清水ビル3F
印刷・製本	株式会社デジタルパブリッシングサービス URL http://www.d-pub.co.jp/

MP065

ISBN978-4-86143-199-9 C0326　　　Printed in Japan
本書の無断複製複写（コピー）は、著作権法上での例外を除き、禁じられています。